Los trazos del viento

SOBREVIVO

Colección de poesía
Homenaje a Eunice Odio

Homage to Eunice Odio
Poetry Collection
FIRE'S JOURNEY

Clarita Solano

LOS TRAZOS DEL VIENTO

Nueva York Poetry Press®

Nueva York Poetry Press LLC
128 Madison Avenue, Suite 2RN
New York, NY 10016, USA
+1(929)354-7778
nuevayork.poetrypress@gmail.com
www.nuevayorkpoetrypress.com

Turrialba Literaria
Special Edition
www.turrialbaliteraria.org

Los trazos del viento
© 2023 Clarita Solano

ISBN-13: 978-1-958001-81-3

© Prologue & Blurb:
Alberto Jiménez A.

© FIRE'S JOURNEY COLLECTION vol. 20
Homage to Eunice Odio
Central American and Mexican Poetry

© Publisher & Editor-in-Chief:
Marisa Russo

© Editorial Team:
Francisco Delgado Jiménez
Maricruz Fernández
Luis Rodríguez Romero

© Interior Artist:
Max Solís

© Cover Designer:
William Velásquez Vásquez

© Layout Designer:
Agustina Andrade

© Cover and interior photographs:
Adobe Stock License

© Author's Photographer:
Adrián Alvarado Rivera

Solano, Clarita
Los trazos del viento / Clarita Solano. 1a ed.-- New York: Nueva York Poetry Press, 2023,
108 pg. 5.25 x 8 inches.

1. Costa Rican Poetry 2. Central American Poetry. 3. Latin American Poetry.

A mis hijos Daniel y Adriana Lorenzo.

A mis hermanos Fico y Carlitos (QdDg).

A mi amigo el poeta Francisco Delgado Jiménez
para quien este libro significó el último taller literario de su vida.

A mi nieta Ema, nuevo trazo del viento.

Prólogo

En estos tiempos, cuando los talleres literarios se han vuelto una moda, algo así como una fábrica de poetas en línea, he llegado a entender que siento aversión hacia poetas de profesión porque detrás de esa supuesta dedicación lo que esconden es una gran vanidad. En su esencia la poesía es un instinto, un sentimiento, una casta que se trae y cuyo nivel de bravura, el tiempo, con trabajo, con mucho trabajo se encarga de mostrar. Por esto es muy grato encontrarse con "Los trazos del viento", un libro que denota el oficio y la sensibilidad de una mujer con una vida dedicada al arte, al servicio social y a la poesía; aunque precisamente por no ser parte de este gremio -que lo ve como profesión-, no había podido dar a luz su primera obra, sino hasta ahora.

Clarita Solano nos presenta su libro "Los trazos del viento" y lo primero que nos llama la atención es su sobriedad y eficacia expresiva. Se trata de una colección de pequeños poemas cuyas imágenes, en pocas líneas y con una exactitud milimétrica, nos llevan a un lienzo donde el lector -sin necesidad de conocimiento sobre el arte de la pintura-, irá trazando los mismos rasgos que su autora evoca cual si fueran uno mismo el pincel y la pluma. No es para menos que ambos artes confluyan: desde hace mucho tiempo conocemos de su amor por la pintura, que la llevó a liderar el proyecto denominado "Galería a Cielo Abierto" de Turrialba Cívica, donde, a pesar de las dificultadas y dudas planteadas por escépticos y críticos, generó con éxito la exposición permanente de pintura y poesía más grande de Costa Rica, orgullo de los turrialbeños.

Clarita sabe que sí existe la poesía, pero cuando nace espontánea, de quien no espera que lo lean, escribe para sobrevivir, y luego publica; y si su mensaje es eficaz logrará que muchos se sienten identificados. Esto genera un sentimiento de nobleza y empatía que sucede muy pocas veces. Sensibilidad ante lo bello casi todos tenemos, pero se requiere algo más para decirse poeta y hacer buena poesía. Es por esto que sorprende la naturalidad de su libro, esos trazos de imágenes dejadas en el tiempo, en diferentes momentos y que ahora toman vida en un solo retazo, un cuadro poético cargado de sentimientos, colores, reminiscencias más universales que personales, con las que la persona que lee se sentirá inevitablemente identificada. Esto lo podemos notar desde la composición del nombre de la obra y sus dos partes, las cuales, sin quererlo constituyen tres versos que bien podrían ser parte de un poema: "Los trazos del viento / El lienzo del tiempo / La tarde en tus ojos".

Quedan invitados a que cualquier tarde, como nos lo indica el poema "Geometrías", emprendan un viaje a lo largo de este hermoso libro y traten de volver a salvo, sin haber derramado accidentalmente la taza de café.

ALBERTO JIMÉNEZ A.

I

El lienzo del tiempo

GEOMETRÍAS

Viajo del olor del café
a cualquier geometría,
recorro montañas de humo
en todos los rincones de la tarde.

Lo que nunca he logrado
es regresar a salvo
      de la poesía.

FRÁGIL

¡Cuidado,
poema tirado a la izquierda!

Fractura,
el noticiero quema la alegría de tus
      átomos,
podrías quedar con el alma en andrajos,
incluir un apagón de sol
al estrellar tu boca contra mi cara,
      una epidemia de risas,
      una plaga de abrazos,
      un psiquiatra.

LA RED

Sé distinguir a un tirano
        por su lapicero,
a un poeta
        de un idiota,

Sé distinguir el hambre
de mi sabroso almuerzo con las
        hormigas,
la telaraña de la esquina
de una araña que no sabe patear.

Sé lo suficiente para adivinar
que tiene poca oportunidad
mi candidatura de santa
o tu pequeño pecado descalzo.

ESCENARIO

Ahora te invito a contemplar mi jardín
lleno de espectáculos públicos
donde solo acuden mis metáforas.

Te invito a apartar con tus dedos
la telaraña con que atrapo
pequeñas palomitas blancas.

OJOS CERRADOS

Con los ojos cerrados,
mientras el dolor
mueve las hojas amarillas,
en mi ventana se estrella
la efímera felicidad que
llega y se marcha.

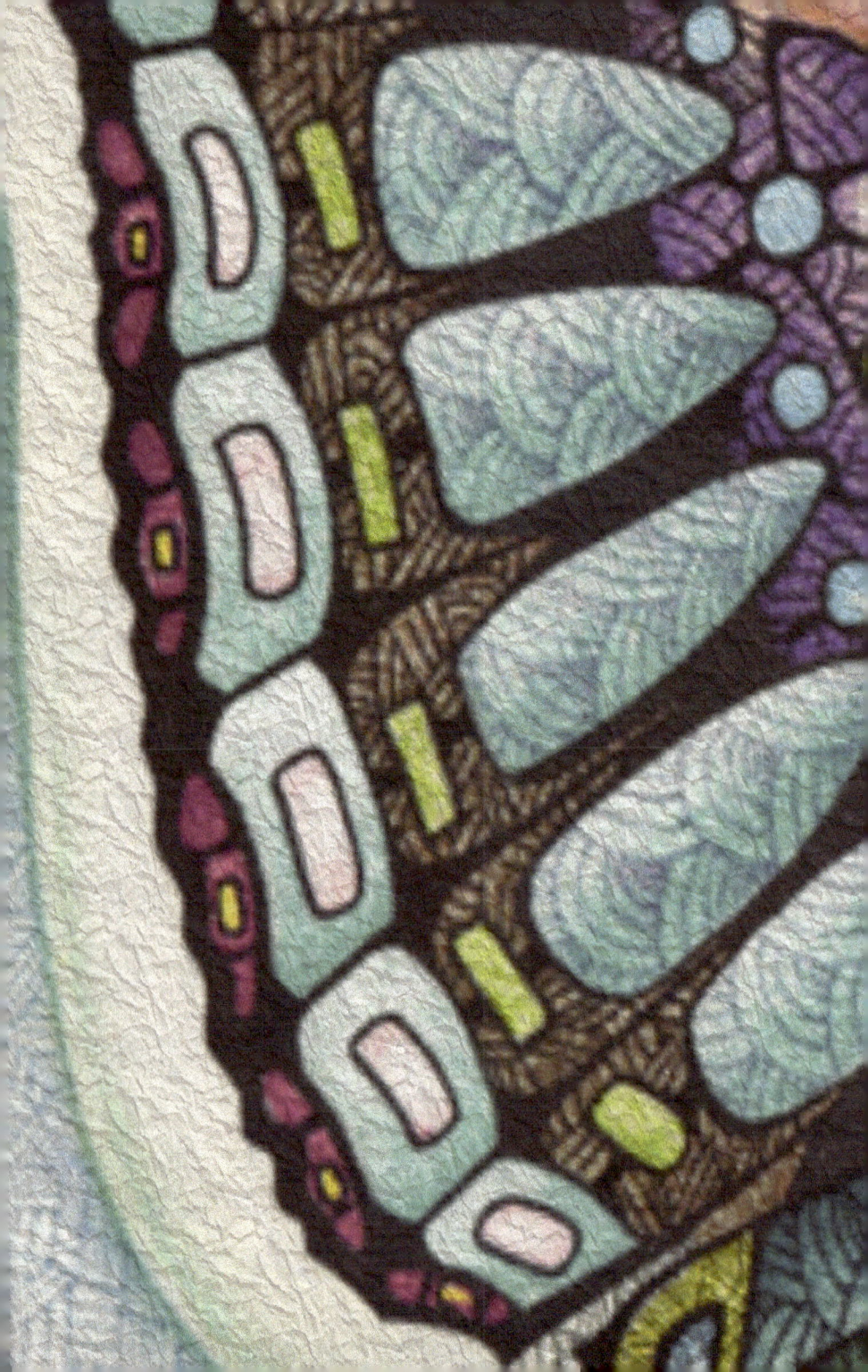

ÁNGEL

Más de cien pupilas donde vernos vivos
más de cien mentiras que valen la pena.

J. SABINA

Fue en una nube de humo,
frente al parlante negro de mi alma
      sabatina,
cuando empezó a rugir la noche
      alrededor de mi cintura
y me prohibió bailar en sus zapatos.
Conquisté la oscuridad y la colgué
      al oído.

Desde entonces
      he logrado saludarlo
con la orfandad del día,
      cuando logro mentir
con un poco de verdad.

A la sombra de un león
me transformo
en el ángel de la espada de fuego
que realmente soy.

MANO HACIA EL CIELO

A G.G.Márquez,
in memoriam.

Ponga a cabalgar
su lluvia de crines.
No sé cómo acostumbra
matar sus pulgas.
Aunque galopo muy cerca suyo
en un cuento donde soy
"la ahogada más hermosa del mundo",
toco sin sentir
      sus puertos y gentes
      su lluvia de animales
que viven en mi ventana.

AZUL EN LA PINTURA

Solo miento a las flores
cuando bajo tus manos
de los duraznos encendidos.

Algunas mentirillas blancas
germinan en árboles de memoria
      indagan
      se multiplican
por la tabla del azul.

ACORDES

El manto de la penumbra
Rasga miles de luciérnagas
JULIÁN MARCHENA

Mi luna
la sin pozo,
    ni enhiestos parales,
    ni noche sobre los campos,
    ni ruedas como almas afines,
la que mezclo con gemidos,
rescata con mis acordes.

Mi luna
húmeda
como la mañana de sol.

Mano izquierda
atrapando la noche

Dile a tu noche que se detenga
       para aprender el abecedario
de las caracolas perdidas,
       para dibujar constelaciones
que caben en la palma de mi mano
cuando untas luna al pan
al regresar de tu delirio.

ALETEO INMORTAL

Puedo susurrar
el olor del arco iris,
el aleteo de las mariposas,
la luz en tu ojo cerrado
que me busca…

SOLEDADES
ALREDEDOR DE LA ZAPATILLA

Es un amor eterno,
dura un verano,
reúne mis soledades
me regala un libro antiguo
y convierte mi semana
en un lirio que no sabe nadar.

MÚSCULOS Y VENAS

Me ladra el poema
salvándome del amor,
me alimenta el fuego
renovándome en las venas.

SIN COLOR

Desde las guitarras
ellos recuerdan para mí.
Nosotras
las de los ochentas,
buscamos el perdón de la lluvia,
bajo el color
que no tiene la sombrilla.

EL TRAZO

A Francisco Delgado.

Él decidió encarcelar su viaje en la
      ternura
y ocupó un asiento diagonal a su
      ventana
para medir su bigote contra la luz.

A veces volvía al pasado en una curva;
otras bajaba con algo de mar en sus
      costados
como huyendo del hundimiento de un
      continente.

En ocasiones una persona es un
      continente
      sumergido
para todos menos para quien le espera.

La ciudad se convierte en una pesadilla,
viene detrás del autobús
buscándome como se persigue
a las madres sin hijos en sus manos.

Él leía cuando escapábamos de la
        primera ciudad
la de sus anhelos
de sus ganas de convertirnos en poetas
o alumbrado público.
Dejó de comer uñas para convertirse
en un perrito flaco y callejero
que no supo ladrar.

Sobre su bigote unos ojos ríen de mi
        ortografía:
de mi manera de tildar la segunda ciudad
y poner punto a las intenciones.

Caigo en el fondo de la noche,
reposo junto a submarinos,
carabelas,
tesoros,
esqueletos de ballenas,
que decidieron vivir ahí
como si estuvieran muertos.

Y desde arriba,
la luz empieza a lanzarme un salvavidas.

II

La tarde en tus ojos

ZAPATILLAS DE TANGO

A tus zapatillas de Tango,
Papi.

Contigo se fueron los grillos,
las voces que en mí cantaron,
la luz añorada de las margaritas,
la fragancia del café matinal
y el tango
"el viejo tango florecido de estrellas".

LA VELA

Te debo
las ondas del mar
en mi cintura,
la longitud húmeda
de un beso,
la estatura dulce de una idea,
el poema escrito
en la llama de la vela.

Luz

Firmaremos la paz al mediodía,
      cuando mi piel pierda las llaves,
      cuando aúlle
y no comprenda que estás triste.

VIENTO POSADO EN LA ORQUÍDEA

Tu espalda es un bosque talado
que apenas crece en mi memoria.
Para cuando brote
haré orquídeas de papel
que a la orilla del crepúsculo
mueran.

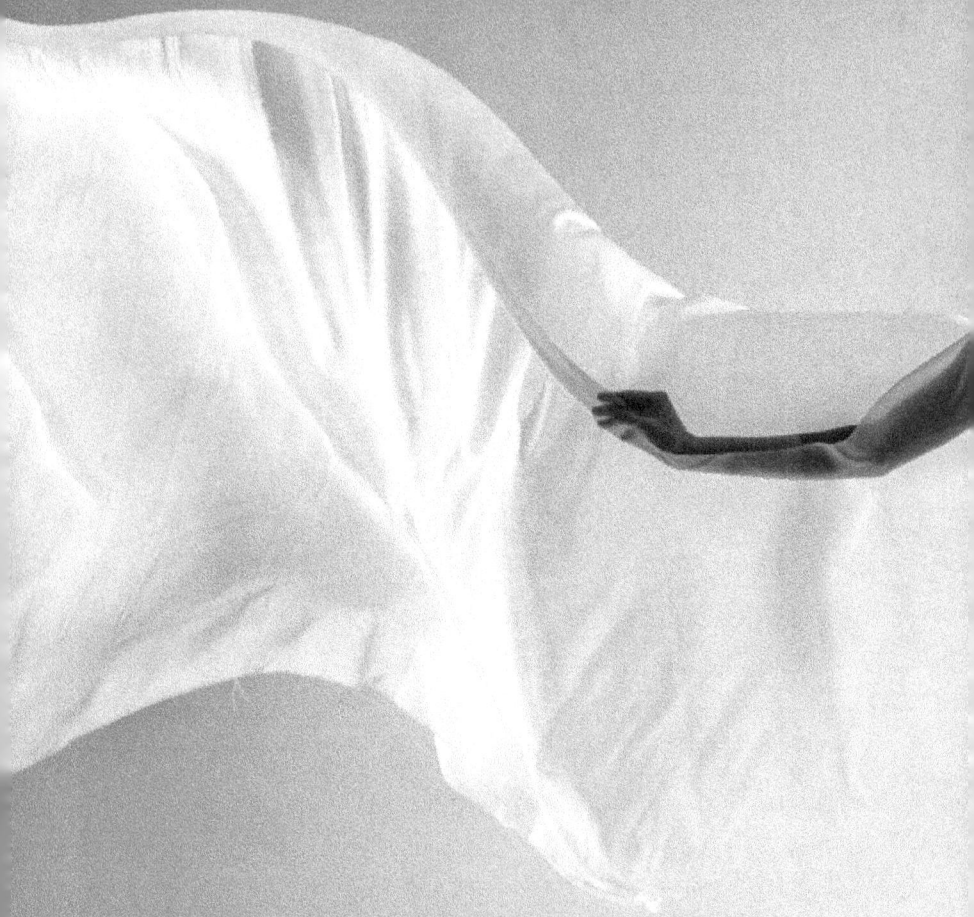

TRAS LA NIEBLA

La realidad baila sola en la mentira
y en un bolsillo tiene
amor y alegría
un dios de fantasía
la guerra y la poesía
Porsuigieco

El mundo está creado
a imagen y semejanza
    de su boca,
      de su música sin arpegios.

El llamado de su voz preludio
me condenó a vivir vagabunda
en mi piel,
volviéndose guitarra,
para no enterrarme.

Cuando amanezco perdida en
    su amenaza
      me apago
      me escondo
en su niebla sin espejos.

BOCA DE SERPIENTE

La serpiente me avisó
que los frutos prohibidos
no están en los mejores árboles.

Mano abierta

Tus fechas tienen
                    escaleras
              submarinas.
Por ellas subo a ver el sol.
Dejo que el viento congele mi sonrisa
              para que no se pierda.
También sufro por tener la mano
              abierta,
cuando el reloj deja en mi foto
trozos de algunos asesinatos históricos.

Ya casi muere agosto.
No tengo a dónde huir.
Todas las luces se apagan
              cuando recorro el calendario.

Ya no soy la misma de mañana.
Pierdo interés en los insomnios.
Atesoro la muerte de los mártires.
Me conformo con la gloria del abrazo.

POLEN

Por las noches
el anfibio que me brota
pasa incómodo,
de una canción a otra,
tratando de tocarme
para volverse príncipe
y dejar su bota en mi escalera.

DULCE ATRACO

¡Cúbrete!
No vayas a resfriar tu manera azul
     de amanecer.

Nadie quiere ver
como cortas las alas
a las mariposas dulces
que atracan en mi piel.

EL CUADRO

Toco el frío y el calor
que te pertenece.
Tu voz conquistó mi continente.
Sos la única serenata
que aún queda apagada en mi ventana.

VUELO ESTÁTICO EN LA PINTURA

Quién iba a creer
que sin vos también llueve,
que sobrevuelo sin despegar,
que abro historias para vos,
una colección de caminos
y hormigas de fuego,
que sus manos sudan
mientras me saluda en seco,
que puedo acicalarme
sin su perfume,
entrar por la cocina,
tomar un café sin testigos,
y perderlo para ganar
en el laberinto que empieza
en mi palabra.

PÁJAROS

Se te enredan
     las rosas   en la convicción.
Brotan pájaros
        de todos colores y

    s
   i
    l
     e
       n
      c
      i
        o
         s

            desde la manera
    poco común de decir como
multiplicas los jardines.

Rojo sangre

Este segundo
     descargado
de mis dagas venenosas,
     no sabe nadar en mi pupila,
     no sabe arder entre mi sol.
Se enfría,
     lentamente,
en el mar
     de la mirada vacía.

Bajo el brazo, en el ala izquierda de la mariposa

Desde tu circo
      lanzas cuchillos
que abren mi piel a dentelladas.

En el segundo acto
las fieras
      ocultas en tu boca
desafían
      bajo mi pie
a la Eva que me habita.

El trapecista más cercano
      a esta sangre
cuelga mi soga.

ALAS Y PROYECTILES

De pronto me sumerjo
    en un día   águila
    en una noche   víbora
en ciudades que recorren
            mapas
en ventanas que conducen a
            caminos
    sin regreso

ACERCA DE LA AUTORA

Clarita Ma. Solano Villalobos (Turrialba, Costa Rica, 1965). Poeta, gestora cultural, abogada, notaria, asesora legal y empresarial. Cursó la primaria en Escuela Jenaro Bonilla Aguilar en Turrialba, la secundaria en el Colegio Dr. Clodomiro Picado Twight y realizó estudios superiores en la Universidad de Costa Rica (UCR).

Ha sumado a los recursos e instrumentos que le ha facilitado la profesión el talento dado por Dios como activista cultural y es así como combinando ambos atributos ha promovido, lanzado y formado parte de multiples organizaciones siempre orientada a mejorar la calidad de vida de la gente y su condición ciudadana que valora enormemente. Es la fundadora y Directora Ejecutiva de **Turrialba Cívica**, un proyecto de embellecimiento y generación de empleo en las ciudades por medio del arte y con entera participación ciudadana. Este proyecto ha evolucionado desde el año 2015 bajo diferentes nombres hasta llegar a oficializarlo con el nombre **Turrialba Cívica** y siempre bajo la consigna de que el arte desarrolla a los pueblos.

La ha movido hacia la ejecución de los proyectos su pasión por la poesía y sobre todo haber descubierto en los turrialbeños una vena artística que generosamente se vuelca hacia el bien común. Los talleristas de poesía en la Escuela Jenaro Bonilla, alimentaron sus primeros pasos en este saber descubierto por su maestra de escuela la niña Yenory Quirós de Aguilar y nunca dejó de escribir. Ha sido parte de la *Antología: Poesía Turrialba, 1960-1999*, cuyo antologador es el reconocido poeta Erick Gil Salas de la **Editorial UNED**. Perteneció al taller del poeta Jhony Francisco Delgado. *El trazo del viento*, fue el ultimo poemario que editó este gran maestro turrialbeño.

En 2015 **Turrialba Literaria** publicó, dentro del Colectivo Resonancia – Género y Epistemología, *El trazo de la mariposa*, un dossier virtual de poemas selectos de Clarita Solano, con una ilustración del artista turrialbeño Max Solís.

En 2018 recibió el Galardón del Festival Grito de Mujer - Turrialba, Costa Rica, **Movimiento Mujeres Poetas Internacional**, gestionado por la **UNED – Sede Turrialba** y **Turrialba Literaria**.

Como emprendedora literaria ha trabajado en sinergia con el equipo de **Turrialba Literaria** en la organización de Lecturas de Poesía, Encuentros

Literarios y el Festival Internacional de Poesía de Turrialba, donde recientemente ha desarrollado la iniciativa junto con los pintores de **Turrialba Cívica** denominada *Poesía en el Barrio* y *Poesía en el Puente*, así como convivios de pintores al aire libre con poetas.

Como gestora cultural ha fundado las organizaciones de acción ciudadana **Rositas**, colectivo de mujeres que han beneficiado a Turrialba. Esta plataforma ha gestionado productos como **Turrialba Cívica**, fundación de la *Galería a Cielo Abierto*, constitución de la **Asociación Mercado de Arte y Artesanías de Turrialba, Asociación Costureras de Turrialba** así como la **Cámara de Comercio de Turrialba**. Todas estas organizaciones dotan de representación a los colectivos que le van dando estructura para el trabajo a la comunidad.

Para Clarita Solano lo que hace, no es un trabajo, es una mission; la creación estética de la palabra es un compromiso. Nueva York Poetry Press se complace en darle la bienvenida a la Colección Tránsito de Fuego a su obra *El trazo del viento*.

ÍNDICE

Los trazos del viento

II. La tarde en tus ojos

FIRE'S JOURNEY

TRÁNSITO DE FUEGO

Central American and Mexican
Poetry Collection
Homage to Eunice Odio (Costa Rica)

1

41 meses en pausa
Rebeca Bolaños Cubillo (Costa Rica)

2

La infancia es una película de culto
Dennis Ávila (Honduras)

3

Luces
Marianela Tortós Albán (Costa Rica)

4

La voz que duerme entre las piedras
Luis Esteban Rodríguez Romero (Costa Rica)

5

Solo
César Angulo Navarro (Costa Rica)

6

Échele miel
Cristopher Montero Corrales (Costa Rica)

7

La quinta esquina del cuadrilátero*
Paola Valverde (Costa Rica)

POETRY
COLLECTIONS

ADJOINING WALL
PARED CONTIGUA
Spaniard Poetry
Homage to María Victoria Atencia (Spain)

BARRACKS
CUARTEL
Poetry Awards
Homage to Clemencia Tariffa (Colombia)

CROSSING WATERS
CRUZANDO EL AGUA
Poetry in Translation (English to Spanish)
Homage to Sylvia Plath (United States)

DREAM EVE
VÍSPERA DEL SUEÑO
Hispanic American Poetry in USA
Homage to Aida Cartagena Portalatín (Dominican Republic)

FIRE'S JOURNEY
TRÁNSITO DE FUEGO
Central American and Mexican Poetry
Homage to Eunice Odio (Costa Rica)

INTO MY GARDEN
English Poetry
Homage to Emily Dickinson (United States)

I SURVIVE
SOBREVIVO
Social Poetry
Homage to Claribel Alegría (Nicaragua)

LIPS ON FIRE
LABIOS EN LLAMAS
Opera Prima
Homage to Lydia Dávila (Ecuador)

LIVE FIRE
VIVO FUEGO
Essential Ibero American Poetry
Homage to Concha Urquiza (Mexico)

FEVERISH MEMORY
MEMORIA DE LA FIEBRE
Feminist Poetry
Homage to Carilda Oliver Labra (Cuba)

REVERSE KINGDOM
REINO DEL REVÉS
Children's Poetry
Homage to María Elena Walsh (Argentina)

STONE OF MADNESS
PIEDRA DE LA LOCURA
Personal Anthologies
Homage to Julia de Burgos (Argentina)

TWENTY FURROWS
VEINTE SURCOS
Collective Works
Homage to Julia de Burgos (Puerto Rico)

VOICES PROJECT
PROYECTO VOCES
María Farazdel (Palitachi) (Dominican Republic)

WILD MUSEUM
MUSEO SALVAJE
Latino American Poetry
Homage to Olga Orozco (Argentina)

OTHER
COLLECTIONS

Fiction
INCENDIARY
INCENDIARIO
Homage to Beatriz Guido (Argentina)

Children's Fiction
KNITTING THE ROUND
TEJER LA RONDA
Homage to Gabriela Mistral (Chile)

Drama
MOVING
MUDANZA
Homage to Elena Garro (Mexico)

Essay
SOUTH
SUR
Homage to Victoria Ocampo (Argentina)

Non-Fiction/Other Discourses
BREAK-UP
DESARTICULACIONES
Homage to Sylvia Molloy (Argentina)

Para los que piensan, como Eunice Odio,
que *no habrá, en estas líneas la longitud de una
pupila sola,* este libro se terminó de impri-
mir en el mes de noviembre de 2023 en
los Estados Unidos de América.